YOUR KNOWLEDGE HAS VALUE

AF141074

- We will publish your bachelor's and master's thesis, essays and papers

- Your own eBook and book - sold worldwide in all relevant shops

- Earn money with each sale

Upload your text at www.GRIN.com
and publish for free

Jan-David Franke

Aus der Reihe: e-fellows.net stipendiaten-wissen

e-fellows.net (Hrsg.)

Band 682

A critical evaluation of Robert Putnam's "Bowling Alone: America's declining Social Capital"

GRIN Verlag

Bibliografische Information der Deutschen Nationalbibliothek:

Die Deutsche Bibliothek verzeichnet diese Publikation in der Deutschen National-
bibliografie; detaillierte bibliografische Daten sind im Internet über http://dnb.d-
nb.de/ abrufbar.

Dieses Werk sowie alle darin enthaltenen einzelnen Beiträge und Abbildungen
sind urheberrechtlich geschützt. Jede Verwertung, die nicht ausdrücklich vom
Urheberrechtsschutz zugelassen ist, bedarf der vorherigen Zustimmung des Verlages. Das gilt insbesondere für Vervielfältigungen, Bearbeitungen, Übersetzungen,
Mikroverfilmungen, Auswertungen durch Datenbanken und für die Einspeicherung
und Verarbeitung in elektronische Systeme. Alle Rechte, auch die des auszugsweisen
Nachdrucks, der fotomechanischen Wiedergabe (einschließlich Mikrokopie) sowie
der Auswertung durch Datenbanken oder ähnliche Einrichtungen, vorbehalten.

Imprint:

Copyright © 2012 GRIN Verlag GmbH
Druck und Bindung: Books on Demand GmbH, Norderstedt Germany
ISBN: 978-3-656-40092-9

This book at GRIN:

http://www.grin.com/en/e-book/210436/a-critical-evaluation-of-robert-putnam-s-
bowling-alone-america-s-declining

GRIN - Your knowledge has value

Der GRIN Verlag publiziert seit 1998 wissenschaftliche Arbeiten von Studenten, Hochschullehrern und anderen Akademikern als eBook und gedrucktes Buch. Die Verlagswebsite www.grin.com ist die ideale Plattform zur Veröffentlichung von Hausarbeiten, Abschlussarbeiten, wissenschaftlichen Aufsätzen, Dissertationen und Fachbüchern.

Visit us on the internet:

http://www.grin.com/

http://www.facebook.com/grincom

http://www.twitter.com/grin_com

JACOBS
UNIVERSITY

BOWLING ALONE?

A critical evaluation

By Jan-David Franke

Civic Networks and Social Capital

Spring 2012

Word Count: 2598

In this paper I will critically evaluate Robert Putnam's "Bowling Alone: America's declining Social Capital", published in 1995 in the Journal of Democracy, both empirically and theoretically. I will countercheck the empirical findings he draws on by taking matching indicators from the "World Values Survey" (WVS) into account. This additionally grants the opportunity to get an updated view on his empirical analysis and the claims associated with it, as the most recent figures brought up by Putnam date from 1993, whereas the newest WVS-figures on the United States were elicited in 2006. In 2000 Putnam published a book by a similar name, in which he goes more into detail. I will, however, focus my analysis on the paper at hand from 1995, which summarizes the basic claims and observations of the whole line of argumentation and provides the foundation for any further elucidations undertaken in the book. While Andersen, Curtis and Grabb (2006) have already opposed Putnam's hypothesis for other western industrialized countries (namely Canada, U.K. and the Netherlands) I will focus my research and discussion on his initial reference point, the United States of America.

Putnam argues that the American civil society, once so rapturously extolled by Tocqueville in the 1830s, is and has been significantly declining since the 1960s and with it the associated social capital. He links that assertion to an alleged decrease in civic engagement and participation that would manifest (or is best observable) through a remarkable drop-off in secondary associations, such as religious affiliations, labour unions, civic and fraternal organization or sports clubs. Furthermore, would political participation (may it be the mere voting process or deeper organizational involvement) as well as other fields of civic engagement as for instance parental concernment about the educational processes be on the wane. Empirically these assertions mostly draw on the results provided by the General Social Survey, which is run by the NORC (National Opinion Research Center), one of the biggest US-American research organizations. Putnam discusses four possible explanations for this alteration (see Putnam, 1995, p. 6), namely: (1) the growing employment of women in the course of emancipation, which simply decreases the needed resources for civic engagement, namely time and vigor; (2) The increasing residential mobility of people that would deprive local community from stable foundations for civic engagement; (3) demographic shift that has reduced the prevalence of the middle-class nuclear family and (4) technological individualization of leisure. Explanation four seems to be of the most appeal to him, asserting that the other three lack – to some extent - logical of empirical significance and could just partially illuminate the ´riddle of the lost social capital´. As Kadushin (2004) noted Putnam has a clear collectivistic approach towards social capital. That means that he does not regard individual accessibility of social capital and/or the actions that revolve around that, but focuses on the macro-level, the community, and the several facets of social capital that those are associated with. According to his understanding, Putnam employs particular indicators for social capital, such as political, civic and religious engagement and interpersonal trust. In the following I will examine the corresponding items from the World Values Survey to see whether the claims he derives from empirically analyzing the aforementioned indicators are valid and still in keeping with the times. Subsequently I will critically evaluate some theoretical assumptions deployed by Putnam by referring to other currents of social capital research. It is clear that also for the assessment and classification of the empirical results theoretical remarks will be given and drawn upon.

Empirical evaluation

The research undertaken and the results obtained for this segment are displayed in the appendix and will be related to throughout this segment. For the indicator "political participation" I will look at both the general voter turnout (see figure 7) and the direct involvement in politics (here in form of membership of political party: figure 6), both addressed as paradigms for political participation by Putnam (1995, p.2). Looking at the bold-faced presidential election years it becomes apparent that while the federal voter turnout in fact decreased from 1960 to the 1990s as argued by Putnam, it recuperated from 1996 on and now resides above the number of 1972. While some would maybe try to explain the high turnout of 1992 and 2008 by referring to the rise of the two democratic "rays of hope" Clinton and Obama, it is clear that this falls short of being a sufficient explanation. Especially in regard of voter turnout there can be a lot of other factors that play into the development, such as the dichotomous political landscape in the US, potentially entailing political apathy, and the first-past-the-post electoral system which hampers participation in or contribution to the political process apart from the big two parties. While the voting process (despite the occasionally cumbersome registration procedure) is a rather hands down contribution - although crucial to democracy -, a more profound political participation beyond that can be associated with the membership of a political party. Unfortunately the WVS did not feature data from before 1995, still we see that in fact there is a slight decline in active membership from 1995 to 2006, presumably in benefit of inactive belonging as the overall membership remains somewhat the same.

When evaluating civic engagement the comprehensiveness of this term should be reflected in the empirical application. According to Putnam, who presents a whole range of potential indicators (Putnam, 1995, p.3), I will focus on two particularly important ones: Sport groups (see figure 5) and labor unions (see figure 2). The affiliation with a sport club is paradigmatically displayed by Putnam's choice of topic ("Bowling Alone") and a fundamental instance of the cultivation of social contacts in a community; labor unions build the bridge between professional and private affiliation and qualify as a good indicator of actually mobilized social capital. As Kadushin (2004) stresses, there is a significant difference between network contacts as potentially accessible sources and indeed mobilized social capital. Labor unions draw on this latter type of social capital as they had arisen out of social contacts in order to collectively pursue a common goal, this means that the network resources had been accessed and the social capital had already been put into practice. Of course they also offer chances for meeting people and creating new or maintaining existent ties. Looking at these two forms of civic participation, it becomes apparent that both developments are somewhat similar over the last 20-30 years. From the remarkably low rate of sports group members in 1990 and the decline of unionized respondents from 1982 to 1990, we can conclude that the data Putnam examined indeed displayed a significant decline in these categories. Earlier data on both points of analysis would be helpful to eventually verify this assumption. In the early 90s both figures skyrocketed, subsequently again declined and in 2006 they are still notably higher than those from the respective starting points. The analysis of these two indicators for civic participation suggests that the trend, which was obviously validly observed by Putnam, has been invalidated and reversed in the 1990s and 2000s.

What does the WVS tell us about religious affiliation and its development over the last decades? According to Putnam it is "the most common associational membership among

Americans" (Putnam, 1995, p. 3). For this indicator the WVS also merely offered two survey points in time: 1995 and 2006, which however, should be sufficient to illustrate the general trend. While inactive membership of a religious organization has more or less stayed the same, active religious affiliation has decreased by 16% for the benefit or no religious affiliation at all. This development, however, is rather the necessary result of an enlightened, allegedly secular society that has embraced the values of humanism and it can be seen throughout the industrialized world. That the church is and was a place for some members of the community where they could foster their network resources is not to be disputed. Yet, the implication that Putnam draws does not appear to be valid. The here suggested secularization of the US-American society does not equal or even has to be associated with a decline in social capital and civic engagement. Network resources can be as well fostered in secular groupings; civic engagement does not have to be religiously affiliated. As Putnam notes, the engagement in secular organizations (environmental, feminist etc.) is significantly increasing (1995, p.4). The decline in religious affiliation could be much better explained with the rising educational levels that Putnam ascertains (1995, p. 2), with increased enlightenment and augmented discontent about religious impudences (child abuse, homophobia, fundamentalism etc.).

Interpersonal or civic trust is closely related to social capital and regarded as one of the very prerequisites for it (see Coleman, 1988 and Putnam, 1995, p.5). Often it is examined as a paradigm in order to draw conclusions about social capital in a network (see Kumlin&Rothstein, 2005). Trust facilitates the emergence of social capital by creating an atmosphere of predictability, that is the increased certainty that a favor will be reciprocated and an outstanding obligation will be fulfilled. The WVS item "Most people can be trusted" that corresponds to the one used by Putnam shows that the initial development runs contrary to Putnam's assertion, as the 1980s are associated with a significant increase in affirmative respondents. After a sizeable decrease in the 1990s the recent number of trusting respondents is on the same level as the starting point's number of 1982 was. One should remark that this WVS item is not really a convincing one. The wording of the question is quite vague and the dichotomous response options correspond with that. A better item would be appreciated, but is so far not provided for by the WVS. Still, a general trend is apparent, that here contradicts the observation that Putnam made, as interpersonal trust did not seem to be on the wane, but on the increase in the 1980s.

At this point, two things can be concluded:

1. In general the development of the several indicators that could be observed not as unambiguous and obvious as suggested by Putnam.
2. The downward trend that Putnam traced in terms of civic engagement and social capital have been reversed or at least in some regards not continued to progress.

Theoretical evaluation

Putnam stresses repeatedly the importance of secondary associations as opposed to tertiary associations (Putnam, 1995, p.4). While secondary associations would imply direct interaction and rather tight social connectedness, tertiary associations would draw on a common interest, but less entail personal encounter. This means – according to Putnam – that secondary associations much more facilitate social trust than tertiary associations could. This comes down to the question of network closure and the different degrees of its manifestation. Rather strong ties are associated with a rather densely knit network (secondary association), weak and bridging ties with a loose network (tertiary associations). Accordingly does Putnam lay emphasis on strong ties as the decisive sphere of social capital creation. Granovetter, however, in his well-known paper "The strength of weak ties" (1973) points out – as the title implies – the significance that weak, bridging ties entail and some fundamental disadvantages that can be linked to strong ones. He concluded that "weak ties (…) are here seen as indispensable to individual's opportunities and to their integration into communities; strong ties (…) lead to overall fragmentation" (Granovetter, 1973, p.1378), as the strong cohesion in groups singularizes them on the macro level. Especially for Putnam's collectivistic approach towards social capital this inference should be of vital importance, suggesting that high network closure might facilitate the internal trust of a network, but not the accumulated trust in a community, that is between the particular networks. If anything it fosters the fragmentation of the overall community. Hence, Putnam's assumption that dense secondary associations vitalize social connectedness is opposed by Granovetter's findings.

In social capital theory Putnam's assertion have raised a discussion as to what extent social capital and civic engagement are really on the wane or just shifting as new forms of participation arise. Dalton (2008) argued that for political participation Putnam's hypothesis falls short of accurately describing the development. He concludes that US-Americans change their type of political action instead of quitting it and prefer more direct and informal forms of action, such as demonstration, boycotts or internet-facilitated protest. Thereby the US would remain a participatory society. Data by the WVS (see Fig.8-9) supports this assessment, displaying a general upswing of both participating in - and being potentially willing to join – boycotts and demonstrations between 1982 and 2006. Especially boycotts are an upcoming form of political contribution, as is political consumerism in general (see Stolle, Hooghe & Micheletti, 2005). Fischer (2001, p.9) notes that "some sorts of political activity, such as writing congressmen and mobilizing neighbors, may have become more common since the 1960s". He also interposes a remark that points out the unfortunate choice of the 1960s as Putnam's comparison point, as this decade accordingly displayed a peak in organizational affiliation (see also Fischer & Hout, 2006) and would thereby not qualify as the basis for generalized conclusions.

The critique picked upon so far comments on already more specified elements of Putnam's work. But what about the validity of his general approach? As mentioned before, Putnam employs a macro-level perspective with the community as his object of study. Other scholars of social capital theory, among others prominently Nan Lin, have a rather individualistic understanding of social capital. That means that they dismiss Putnam's idea of social capital as a collective property, but instead conceive it as an individually accessible resource. Accordingly Lin repudiates trust as an indicator of social capital, focusing on interpersonal transactions instead (see Kadushin, 2004, p.81). While these two approaches might seem contradictory at first sight – and are also understood this way by some adherents of the respective conceptual factions – it becomes apparent that they are in fact not mutually exclusive, but complementary. As Kadushin ascertains "there is no conflict between collective and individual social capital. Both are necessary to an empirically based theory of social capital" (2004, p.85).

Conclusion

Putnam's hypothesis that civic engagement and the associated social capital is continuously decreasing in the United States has indisputably found an echo and stimulated discussion in social capital theory and in sociology in general. In the here discussed paper from 1995 and in more detail in his book from 2000 he links that conclusion to the development of a variety of indicators that correspond with his collectivistic understanding of social capital, such as trust and civic, political and religious participation. These indicators have in this paper been empirically examined based on data by the World Values Survey. While religious affiliation has declined significantly, political and civic engagement as well as social trust have been tendentially increasing since the 1980s or respectively the 1990s. This analysis suggests that the observed trends were not as unambiguous as described by Putnam and reversed or halted over the last 15 years. In the theoretical segment the reference to Granovetter and the strength of weak ties (1973) has shown that Putnam is too particular in his emphasis on secondary associations and rather tightly knit networks. Furthermore, political participation – according to Dalton – has been shifted towards a more informal manifestation, but not eliminated. Same could be argued for parts of civic engagement that have stripped off their religious affiliation and are progressively carried out in secular organizations and forms. The conceptual opposition by the sociologists that understand social capital in an individualistic way has turned out to be rather a necessary complement. This paper has shed light upon different understandings and currents in social capital theory and critically evaluated as well as updated Putnam's empirical observations and claims.

Appendix

(All data – except for figure 7 - originates from the WVS; values are to be understood as percentages)

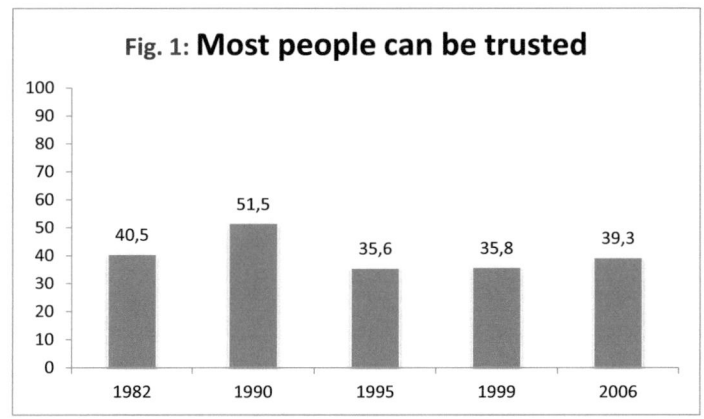

Fig. 1: Most people can be trusted

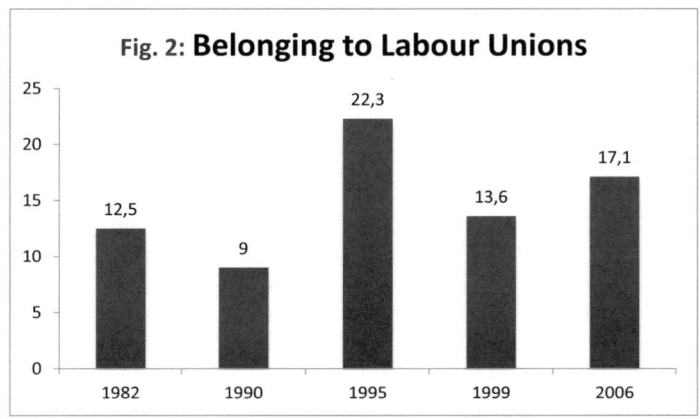

Fig. 2: Belonging to Labour Unions

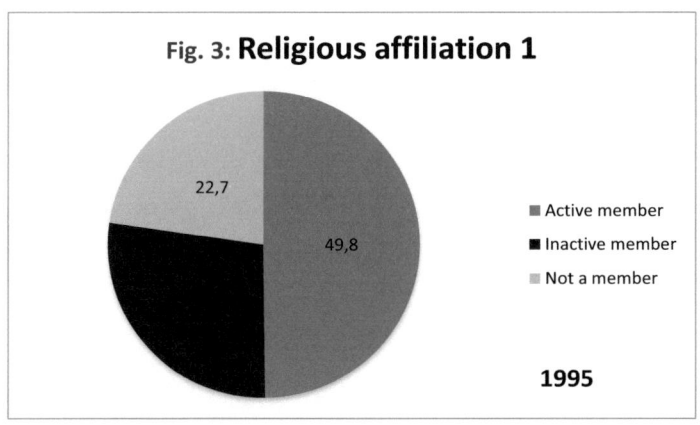

Fig. 3: Religious affiliation 1

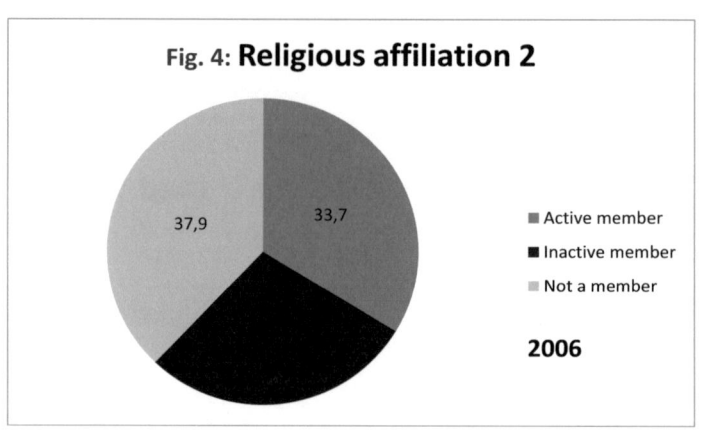

Fig. 4: **Religious affiliation 2**

- Active member
- Inactive member
- Not a member

2006

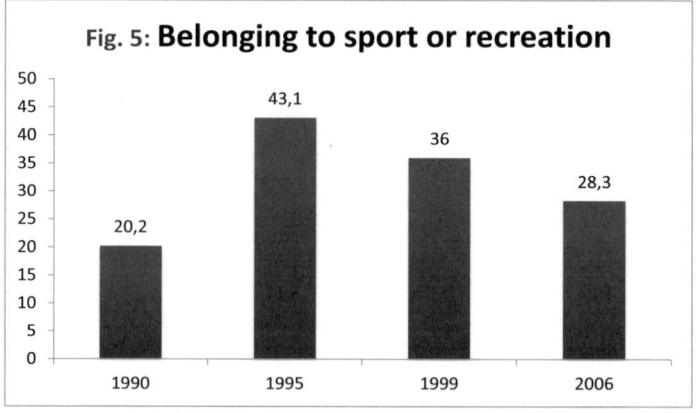

Fig. 5: **Belonging to sport or recreation**

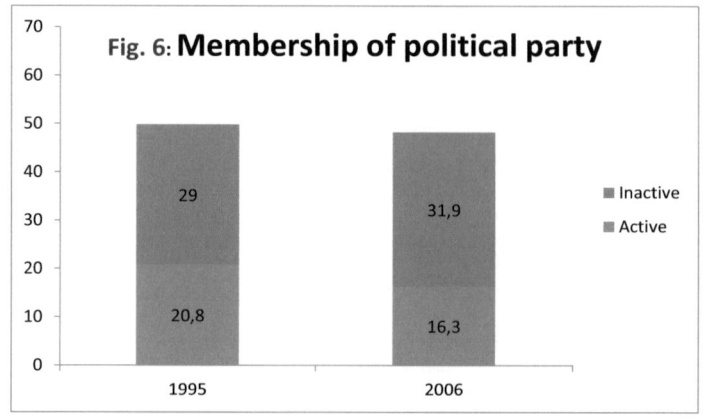

Fig. 6: **Membership of political party**

- Inactive
- Active

Fig. 7: **National Voter Turnout in US Federal Elections: 1960–2010**

Year	Voting-age population	Voter registration	Voter turnout	Turnout of voting-age population (percent)
2010**	235,809,266	NA	90,682,968	37.8%
2008*	231,229,580	NA	132,618,580*	56.8
2006	220,600,000	135,889,600	80,588,000	37.1
2004	221,256,931	174,800,000	122,294,978	55.3
2002	215,473,000	150,990,598	79,830,119	37.0
2000	205,815,000	156,421,311	105,586,274	51.3
1998	200,929,000	141,850,558	73,117,022	36.4
1996	196,511,000	146,211,960	96,456,345	49.1
1994	193,650,000	130,292,822	75,105,860	38.8
1992	189,529,000	133,821,178	104,405,155	55.1
1990	185,812,000	121,105,630	67,859,189	36.5
1988	182,778,000	126,379,628	91,594,693	50.1
1986	178,566,000	118,399,984	64,991,128	36.4
1984	174,466,000	124,150,614	92,652,680	53.1
1982	169,938,000	110,671,225	67,615,576	39.8
1980	164,597,000	113,043,734	86,515,221	52.6
1978	158,373,000	103,291,265	58,917,938	37.2
1976	152,309,190	105,037,986	81,555,789	53.6
1974	146,336,000	96,199,020[1]	55,943,834	38.2
1972	140,776,000	97,328,541	77,718,554	55.2
1970	124,498,000	82,496,747[2]	58,014,338	46.6
1968	120,328,186	81,658,180	73,211,875	60.8
1966	116,132,000	76,288,283[3]	56,188,046	48.4
1964	114,090,000	73,715,818	70,644,592	61.9
1962	112,423,000	65,393,751[4]	53,141,227	47.3
1960	109,159,000	64,833,096[5]	68,838,204	63.1

Source: http://www.infoplease.com/ipa/A0781453.html, retrieved April 11, 2012.

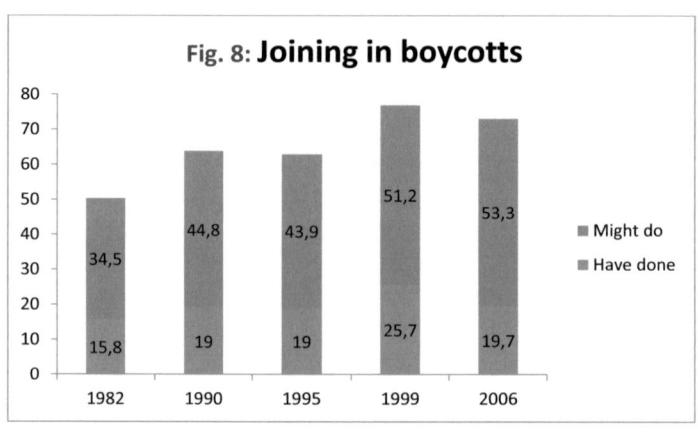

Fig. 8: **Joining in boycotts**

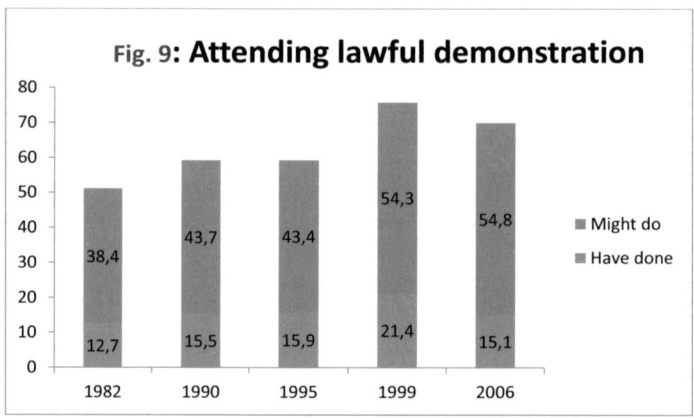

Fig. 9: **Attending lawful demonstration**

Bibliography:

Andersen,R., Curtis, J., & Grabb, E. (2006). Trends in civic association activity in four democracies: the special case of women in the United States". *American Sociological Review*, 71(3), 376-400.

Coleman, J. (1988). Social capital in the creation of human capital. *American Journal of Sociology,* 94, 95-120.

Fischer, C. (2001). Bowling Alone: What's the score?. Retrieved May 11, 2012 from http://ucdata.berkeley.edu/rsfcensus/papers/BowlingAlone.pdf

Fischer, C, & Hout, M. (2006). Century of difference: How America changed in the last one hundred years. New York: Russell Sage.

Granovetter, M. (1973). The strength of weak ties. *American Journal of Sociology*, 78(6), 1360-1380.

Kadushin, C. (2004). Too much investment in social capital? *Social Networks*, 26(1), 75-90.

Kumlin, S, & Rothstein, B. (2005). Making and breaking social capital: The impact of welfare state institutions. *Comparative Political Studies*, 38(4), 339-365.

National Opinion Research Center. *General Social Survey.* Retrieved April 5, 2012, from http://www3.norc.org/GSS+Website/

National voter turnout in federal elections: 1960-2010.(2011). Information Please Database. Retrieved April 11, 2012 from http://www.infoplease.com/ipa/A0781453.html

Putnam, R. (1995). Bowling Alone: America's declining social capital. *Journal of Democracy*, 6(1), 65-78.

Stolle, D., Hooghe, M., & Micheletti, M. (2005). Politics in the supermarket: political consumerism as a form of political participation. *International Political Science Review*, 26(3), 245-269.

World Values Survey: United States of America 1982, 1990, 1995, 1999, 2006. *World Values Survey.* Retrieved April 10, 2012 from http://www.wvsevsdb.com/wvs/WVSAnalizeStudy.jsp

BEI GRIN MACHT SICH IHR WISSEN BEZAHLT

- Wir veröffentlichen Ihre Hausarbeit,
  Bachelor- und Masterarbeit

- Ihr eigenes eBook und Buch -
  weltweit in allen wichtigen Shops

- Verdienen Sie an jedem Verkauf

Jetzt bei www.GRIN.com hochladen
und kostenlos publizieren

GRIN☺

Bibliografische Information der Deutschen Nationalbibliothek:

Die Deutsche Bibliothek verzeichnet diese Publikation in der Deutschen National-bibliografie; detaillierte bibliografische Daten sind im Internet über http://dnb.d-nb.de/ abrufbar.

Dieses Werk sowie alle darin enthaltenen einzelnen Beiträge und Abbildungen sind urheberrechtlich geschützt. Jede Verwertung, die nicht ausdrücklich vom Urheberrechtsschutz zugelassen ist, bedarf der vorherigen Zustimmung des Verlages. Das gilt insbesondere für Vervielfältigungen, Bearbeitungen, Übersetzungen, Mikroverfilmungen, Auswertungen durch Datenbanken und für die Einspeicherung und Verarbeitung in elektronische Systeme. Alle Rechte, auch die des auszugsweisen Nachdrucks, der fotomechanischen Wiedergabe (einschließlich Mikrokopie) sowie der Auswertung durch Datenbanken oder ähnliche Einrichtungen, vorbehalten.

Impressum:

Copyright © 2014 GRIN Verlag, Open Publishing GmbH
Druck und Bindung: Books on Demand GmbH, Norderstedt Germany
ISBN: 978-3-668-17485-6

Dieses Buch bei GRIN:

http://www.grin.com/de/e-book/318340/betriebliche-gesundheitsfoerderung-durch-yoga-grundbegriffe-wirksamkeit

Kevin Kockot

Betriebliche Gesundheitsförderung durch Yoga. Grundbegriffe, Wirksamkeit & Beispiele

GRIN Verlag

GRIN - Your knowledge has value

Der GRIN Verlag publiziert seit 1998 wissenschaftliche Arbeiten von Studenten, Hochschullehrern und anderen Akademikern als eBook und gedrucktes Buch. Die Verlagswebsite www.grin.com ist die ideale Plattform zur Veröffentlichung von Hausarbeiten, Abschlussarbeiten, wissenschaftlichen Aufsätzen, Dissertationen und Fachbüchern.

Besuchen Sie uns im Internet:

http://www.grin.com/

http://www.facebook.com/grincom

http://www.twitter.com/grin_com

Betriebliche Gesundheitsförderung durch Yoga:

Grundbegriffe, Wirksamkeit & Beispiele

Kevin Kockot

Sommersemester 2014

Konzepte und Methoden der Betrieblichen

15.09.2014

Universität Flensburg, Institut für Gesundheits-, Ernährungs- und Sportwissenschaft, Abt. Gesundheitspsychologie und Gesundheitsbildung.

Inhaltsverzeichnis

1.Einleitung

Diese Hausarbeit widmet sich den allgemeinen Fragen, wo das fernöstliche Verfahren Yoga in der betrieblichen Gesundheitsförderung Anwendung finden kann; wo sich anhand von Studienergebnissen eine Anwendung im Betrieb als wirksam herausgestellt hat und welche (Good-Practice) Beispiele sich vergleichen lassen. Ein besonderer Fokus soll hierbei auf die Prävention gelegt werden. Dies widmet sich also der Aufgabe die Entstehung einer Krankheit oder ihre negativen Folgen zu verhindern. (Faltermaier, 2005, S. 294 f.)

Hierbei dient die Unterscheidung in die beiden grundsätzlichen Herangehensweisen an Prävention. Einmal Verhaltensprävention und einmal Verhältnisprävention. Einerseits geht es um den Abbau eines riskanten Verhaltens wie beispielsweise Rauchen. Im anderen Fall geht es darum die Lebensverhältnisse für die Personen in Betrieben günstig zu verändern, um das Entstehen von Krankheiten zu verhindern (ebenda).

Exemplarisch für die Verhaltensprävention soll hier Yoga weiter beleuchtet werden. Die Arbeit widmet sich zunächst der Beschreibung und Einteilung von üblichen Grundannahmen der Betrieblichen Gesundheitsförderung. Danach soll die Geschichte, Grundbegriffe und Wirkweise von Yoga beschrieben werden. Dies gibt die Chance eine Idee über das Verfahren zu erlangen.

Anschließend soll die Wirksamkeit von Yoga im Betrieblichen Kontext anhand von Forschungsergebnissen untersucht werden. Im nächsten Schritt geht es darum, ausgewählte Beispiele aktueller Angebote für Betriebliches Gesundheitsmanagement nach Angeboten zu kategorisieren. Hierbei soll ein Fokus auf Good-Practice-Richtlinien gelegt werden.

In der finalen Diskussion werden die hier dargestellten Erkenntnisse gebündelt und zudem Bezüge zu verwandten Verfahren „Mindfulness based stress reduction (MBSR)" oder Feng Shui hergestellt. Hierauf folgt die Implikation für die zukünftige Praxis aus bekannten Hindernissen zu lernen und Potentiale in diesen Gebieten weitergehend zu nutzen, um das Betriebliche Gesundheitsmanagement an den geeigneten Stellen um förderliche Neuerungen zu ergänzen.

2. Die Grundpfeiler des Betrieblichen Gesundheitsmanagements

Die Betriebliche Gesundheitsförderung wird in der Ottawa-Charta der Weltgesundheitsorganisation explizit beschrieben. In dem Papier heiß es ausdrücklich:

> *„Die sich verändernden Lebens-, Arbeits- und Freizeitbedingungen haben entscheidenden Einfluss auf die Gesundheit. Die Art und Weise, wie eine Gesellschaft die Arbeit, die Arbeitsbedingungen und die Freizeit organisiert, sollte eine Quelle der Gesundheit und nicht der Krankheit sein. Gesundheitsförderung schafft sichere, anregende, befriedigende und angenehme Arbeits- und Lebensbedingungen."* (WHO, 1986, S. 3)

Die Autoren Bamberg, Ducki und Metz beschreiben den Wirkungsbereich von Betrieblicher Gesundheitsförderung. Sie gehen sogar davon aus, dass im Grunde jede Form von betrieblicher Intervention als gesundheitsbezogende Intervention bezeichnet werden kann, da Maßnahmen zur Gestaltung der Arbeitszeit und der Arbeitsumgebung Folgen für die Gesundheit der Arbeitenden haben (Bamberg, Ducki, & Metz, 1997, S. 18).

In ihren Leitlinien fassen die Autoren die Hauptaspekte Betrieblicher Gesundheitsförderung zusammen (ebenda):

- Ziel jeder Gesundheitsförderung ist die Schaffung von gesundheitsförderlichen Lebens- Arbeits- und Freizeitbedingungen.
- Gesundheitsförderung bedeutet daher immer, Interessen zu vertreten und Partei zu ergreifen.
- Gesundheitsförderung befähigt und ermöglicht Personen, ihr Gesundheitspotential zu verwirklichen. Damit zielt Gesundheitsförderung darauf ab, persönliche Kompetenzen zu fördern.
- Gesundheitsförderung verlangt ein koordiniertes Zusammenwirken aller Verantwortlichen und Betroffenen. Damit ist Gesundheitsförderung eine „Querschnittsdisziplin", die nur interdisziplinär effektiv wirken kann.
- Gesundheitsförderung ist ein langfristiger Prozess, der sich nicht nur auf Risikogruppen konzentriert, sondern grundsätzlich allen Personen offensteht. Daher sollten gesundheitsförderliche Einzelmaßnahmen in einem Gesamtprogramm aufeinander abgestimmt und langfristig angelegt sein.

Darüber hinaus wird aus verschieden Quellen bestätigt, dass sich Betriebliche Gesundheitsförderung, sofern nach bestimmten Prinzipien wie dem Public Health Action Cycle orientiert, effektvoll ist. Dieser Public Health Action Cycle ist in vier Phasen unterteilt (Brenner, Grüninger, Meili, & Stutz Steiger, S. 4):

- Erfassung und Analyse gesundheitlicher Problemlagen der Bevölkerung (Assessment)
- Entwicklung von gesundheitspolitischen Interventions-strategien (Policy development)
- Umsetzung dieser Strategien im Gesundheitssystem (Assurance)
- Prüfen der Akzeptanz und Wirksamkeit (Evaluation)

Darüber hinaus ist der Return on Investment anhand von Beispielanalysen bei 1:3 (Kramer & Bödeker, 2008, S. 7). Das bedeutet für jeden Euro, der in Gesundheit investiert wird, gibt es 3 Euro zurück. Dies setzt sich aus der Ersparnis der Behandlung der Erkrankung zusammen und dem Mehrgewinnn durch die Produktivität der Mitarbeiter. Dies macht Betriebliche Gesundheitsförderung auch ökonomisch sinnvoll (Bamberg, Ducki, & Metz, 1997).

3. Yoga: Geschichte, Grundbegriffe und Wirkweise

3.1 Kurzbeschreibung von Yoga

Übliche Yoga-Ratgeber auf dem Markt beschreiben in der Regel nicht die Entstehung und die Entwicklung dieser Lehre. Häufig ist ein Fokus auf die alleinige Praxis und Anleitung von Yoga-Positionen zu finden. Als weitergehende Betrachtung kann das Buch „The Science of Yoga" bewertet werden. Der Autor analysiert die Geschichte, Grundbegriffe und Wirkweise von Yoga anhand von wissenschaftlichen Studien kritisch (Broad, 2012). Deshalb soll dieses Buch bei der Beschreibung von Yoga die Hauptquelle darstellen. Ergänzend wird weitergehende Literatur zitiert.

Yoga bedeutet Vereinigung, als ein Weg zur Erleuchtung. Der Weg dahin war die sexuelle Ektase. Im Tantra wurden schließlich die entsprechenden Techniken gelehrt, um diesen Zustand bewusst zu nutzen. (Broad, 2012, S. 44) Es gibt verschiedene Arten des Yoga. Eine wichtige Unterscheidung geht auf Swami Sivananda. Er spricht von sechs Wegen im Yoga: Jnana Yoga, Raja Yoga, Bhakti Yoga, Karma Yoga, Kundalini Yoga und Hatha Yoga (Bretz, 2014). Im Weiteren soll sich im Wesentlichen auf das Hatha-Yoga bezogen werden. Das Hatha Yoga ist das körperbezogene Yoga. Der früheste noch vorhandene Text der Lehre ist die Hatha Yoga Pradipika aus dem 15. Jahrhundert (Broad, 2012, S. 44).

Der Fachbegriff für eine Yogastellung ist der Assana. Dieses Wort bedeutet im Sanskrit „Sitz". In diesem Buch kommen keine fließenden und stehenden Bewegungen vor, wie es in heutigen Yogakontext modern ist. Die Ursprünge galten der Kontrolle der sexuellen Stimulation (Broad, 2012, S. 45). Der Autor Broad kommt somit zu dem Schluss, dass Hatha ein Zweig des Tantra ist. Diese Yoga-Technik wurde somit entwickelt, um durch die Umlenkung libidonöser Energie Erleuchtung zu erreichen.

Die Wortbedeutung von Hatha hat verschiedene Interpretationen. Der Wortstamm Hath bedeutet im Sanskrit „Mit Gewalt behandeln". Einige Experten übersetzen es als Vereinigung durch Kraft oder Gewalt. Eine moderne Interpretation des Begriffs beschreibt den Begriff in die Silben ha und tha zu teilen, was für die Begriffe Sonne und Mond steht. (Broad, 2012, S. 46). Im Hatha Yoga Pradipika-Text wird behauptet, dass durch die Praxis alle Krankheiten neutralisiert werden könnten und ein hohes Alter erreicht werden könne. Als Ziel und gleichzeitige Grundlage für weitergehende Effekte wird der Zustand „Samadhi" beschrieben. Dies ist ein Zustand transzendenter Glückseligkeit. (Broad, 2012, S. 47).

Ein weiterer essentieller Begriff in der Lehre des Yoga ist das Pranayama. Das ist Sanskrit für Atemübungen, die im wahrsten Sinne des Wortes eine Kontrolle der Lebenskraft ermöglichen. Prana steht dabei für die Lebenskraft und Yama steht für das Zügeln.

Im Oktober 1924 gründete Jagannath G. Gune einen Ashram (Zentrum) zur wissenschaftlichen Erkundung von Yoga. Diese Entwicklung ist auch im Zuge der indischen Unabhängigkeitsbewegung von ihren Kollonialherren. Zur Erforschung von Yoga wurden Yogis unter anderem mit Röngtengeräten und Blutdruckmessgeräten untersucht. Gurus sind waren die Lehrer, die die Kunde vom neu formulierten Yoga auf der ganzen Welt verbreiteten (Broad, 2012, S. 57). Das Wort Guru bedeutet im Sanskrit „Lehrer" einen

spirituellen Meister geistiger Disziplinen auf dem Weg zur Selbsterkenntnis. So werden auch Eltern als Gurus bezeichnet (Anders-Hoepgen, 2005, S. 11).

„Sie erhielten keine Tipps zur Ausdehnung des Liebesspiels, wie in der Hatha Xpga Pradipika dargeboten. All das wurde aus dem öffentlichen Programm gestrichen. Beim neu formulierten Programm ging es darum, Yoga ein neues Antlitz zu verleihen, das Wissenschaftlichkeit und Hygiene, Gesundheit und Fitness ausstrahlte". (Broad, 2012, S. 59).

Jagannath G. Gune warb mit den gesundheitsförderlichen Effekten einer Yogaübung (Sirasana) für den prominenten Mahatma Ghandi bei Bluthochdruck, führte kostenlose Massenkurse für Yoga ein und integrierte erstmals seit 1926 Frauen in seine Programme (Broad, 2012, S. 63). Eine weitere Neuerung ist durch Tirumalai Krishnamacharya zu verzeichnen. Er teilte die Übungen in logische Abfolgen, verband sie mit einer Tiefenatmung, die eine fließende, zusammenhängende Erfahrung entstehen lassen sollten (Broad, 2012, S. 64)

Ergänzt wurden diese Zusammenstellungen um damals neueste anatomische Erkenntnisse, auf welche Weise das Skelettsystem zusammenarbeite. Der Chirurg V.B. Gokhale war 1936 hier ein wichtiger Unterstützter (Broad, 2012, S. 67). Eine weitere Person, die Yoga im Westen sehr populär gemacht hat, war Euginie Peterson. Sie studierte bei Krishnamacharya, schrieb ein Buch namens „Forever Young, Forever Healthy" und unterrichtete Yoga in Hollywood, wie zum Beispiel Marilyn Monroe (Broad, 2012, S. 68).

Einer der ersten weltweit erfolgreichen Hatha-Yoga-Ratgeber erschien 1965 unter dem Namen „Light on Yoga" und wurde weltweit mehr als eine Million Mal verkauft. Der Autor Iyengar beschrieb die einzelnen Übungen und nannte ihren gesundheitlichen Nutzen. Allerdings lassen sich keine Bezüge zu Studien, klinischen Versuchen oder dem Placebo-Effekt ausmachen. (Broad, 2012, S. 73) So führte das Buch eine „Masterliste" mit heilenden Assanas für fast 100 Beschwerden und Krankheiten auf. Unter anderem Rückenleiden, Schlaflosigkeit, Geschwüre, Asthma, Diabetes und andere (Broad, 2012, S. 73). Doch immer noch lassen sich Bezüge zu der ursprünglichen Fokus, der Sexualität, ausmachen. So wird von einer Verstärkung der zurückgehaltenen Sexualkraft im Kontext bestimmter Übungen geredet. Allerdings ist der Fokus auf diese ursprünglichen Triebe nun als hinderlich im Zusammenhang mit der Erlangung der Erleuchtung gesehen. So ist eine Umkehr der ursprünglichen Ausrichtung mit der weitergehenden Verbreitung vernehmbar (Bretz, 2014, S. 74).

Somit hat Yoga einen weitgehenden Wandel innerhalb weniger Jahrzehnte erlebt. Yoga war jetzt nicht mehr einzelnen Auserwählten zugänglich sondern einer breiten Masse, die öffentlichen Unterricht nehmen konnten: „Massen von Enthusiasten ignorierten den alten Mystizismus zugunsten des neuen Gesundheits- und Fitness-Ehrgeizes. [...] Kurz, Yoga hatte sich von einer alten Besessenheit von der Transzendenz des Körperlichen zu einem modernen Kreuzzug für eine neue Art der Körperlichkeit gewandelt."

Der Autor Broad gibt im weiteren zu, dass trotz der vielfältigen Änderungen und auch vielfältigen Vermarktungen, zum damaligen Zeitpunkt ohne Studienbelege, tatsächlich Vorteile hinsichtlich Gesundheit hervorbringt, wie die zunehmende Zahl von Studien in diesem Bereich zeigt. (Broad, 2012, S. 76) Bei der Stichwortsuche im Onlineportal PubMed

ist bei der Suche nach dem Begriff „Yoga" zu sehen, dass es seit den 90er Jahren zu einem exponentiellen Anstieg im Erscheinen von Artikeln mit dem Begriff im Titel kommt. Allein 350 im letzten Jahr (Information National Center for Biotechnology, 2014).

„So haben Wissenschaftler zu Beispiel herausgefunden, dass die physiologische Verlangsamung durch Yoga zum Stressabbau, zur Reduzierung des Herzschlages und zur Blutdrucksenkung beiträgt, das Immunsystem stärkt und Krankheiten vorbeugt." (Broad, 2012, S. 76) Laut Broad hat man nachgewiesen, dass es solche Herz-Kreislauf-Risikofaktoren wie Bluthochdruck, Blutzucker und Cholesterin senkt. Zudem gibt es Hinweise, dass Yoga die Menge der Antioxidantien im Blutkreislauf erhöht und den oxidativen Stress verringert. (Broad, 2012, S. 77) Studien haben ergeben, dass Patienten, die Yoga ausüben weniger Krankenhausaufenthalte haben, weniger Medikamente benötigen und seltener von Herzattaken betroffen sind (ebenda). Ferner konnte durch genauere Untersuchungen festgestellt werden, dass die These, Yoga sei rückenförderlich, haltbar erscheint, da sich der Verschleiß der Bandscheiben messbar verlangsamen lässt. So hatten die Yoga-Lehrer signifikant weniger Degenerationserscheinungen an den Bandscheiben im Vergleich zur Kontrollgruppe (Broad, 2012, S. 78). Viele dieser Nutzen werden vom Berufsverband der Yogalehrenden in Deutschland e. V bestätigt (Berufsverband der Yogalehrenden in Deutschland e. V. , 2014). Interessant sind die Untersuchungen zu der verlangsamten Alterung bei den Anwendern. Hier zeigt sich (wie in den alten Texten beschrieben) ein Effekt. Ein Team um den Leiter Dean Ornish zeigte, dass es pysiologisch messbare Effekte in den Telomeren gab (Endungen in der DNA). Diese verkürzen sich bei einem ungünstigen Lebensstil (Stress, Ernährung..), blieben aber bei einer Untersuchung bei 50-80 Jahren erhalten und wurden sogar wiederhergestellt. Somit wurde ein wichtiger Hinweis auf die Gewebeerneuerung, Krankheitsvorbeugung und letztlich Langlebigkeit belegt. Elizabeth Blackburn, eine Teilnehmerin des Forschungkreises, erhielt für die Forschung an den Telomeren einen Nobelpreis (Broad, 2012, S. 80 ff.). Trotz der sich andeutenden positiven Wirkungen von Yoga muss erkannt werden, dass Yoga nicht als Ziel hat Symptome zu bekämpfen, laut Trokes geht es vielmehr darum die Ursachen zu erkennen (Trökes, 2010). So erkennt Sie an, dass Yoga heutzutage eine Kombination aus östlicher Geistes- und Körperschulung und moderner Rückenschule darstellt (Trökes, 2010, S. 9).

3.2 Fazit zum Yoga

Zusammenfassend lässt sich zeigen, dass Yoga über die Zeit vielfältigen Wandlungen unterworfen war und über die Initiativen einzelner Personen verschiedene Änderungen aber auch Popularität erfahren hat. Bereits die Ursprünge des Yoga (Hatha Yoga Pradipika) aber auch jüngere Schriften (Light on Yoga) führen die vielfältigen positiven Effekte von Yoga auf die Gesundheit an. Die zunehmende Anzahl von wissenschaftlichen Studien scheint schrittweise den Wahrheitsgehalt dieser Behauptungen in verschiedenen Punkten zu bestätigen. Während heutiges Yoga nicht vordringlich durch das Erreichen eines erleuchteten Zustandes geprägt zu sein scheint, gibt es potentiell auf körperlicher Ebene (Gelenke, Wirbelsäule, Blutdruck) zahlreiche positive Effekte, die eine Anwendung im betrieblichen Kontext interessant machen.

4. Recherchen zur Wirksamkeit von Yoga

In diesem Abschnitt soll sich der Frage gewidmet werden, ob die beiden beschriebenen Verfahren im Kontext von Betrieben erfolgreich hinsichtlich Prävention und Gesundheitsförderung angewendet werden können. Diese Ergebnisse sind als exemplarisch zu verstehen. Zur wurde im Wesentlichen auf den Katalog Pubmed zurückgegriffen, wobei die Recherche durch die öffentlich zugänglichen Artikel limitiert war. Wenn verfügbar, wurden Meta-Analysen und Reviews zurate gezogen.

4.1 Wirksamkeit von Yoga in Unternehmen

A worksite vitality intervention to improve older workers' lifestyle and vitality-related outcomes: results of a randomised controlled trial

Diese niederländische Studie untersuchte 2009/2010 die Wirksamkeit einer sechsmonatigen Intervention im Krankenhauskontext bei Angestellten. (Strijk, Prope, Van der Beek, & Van Mechelen, 2012). Die Voruntersuchung umfasste Die Intervention bestand aus einem sogenannten „Vital@Work"-Programm, das sich aus einer Workout Session, einem Anteil der Bereitstellung von kostenlosem Obst und einem Besuch eines Coaches bestand. Die Workout-Session wiederum bestand aus einer wöchentlichen Yoga-Session (angeleitet), einer Trainingssession (angeleitet) und einem Treff für Aerobic ohne Anleitung durch Trainer. Die Autoren gehen von der vielfach gezeigten Wirksamkeit von Yoga auf Krankenstand und Produktivität aus (Strijk, Prope, Van der Beek, & Van Mechelen, 2012, S. 1071). Untersucht werden sollte die Effektivität der Intervention durch einen Baseline-Test mit N=730 und einer Follow-Up mit N= 575 Teilnehmern. Die Teilnehmer waren durchweg über 45 Jahre alt. Es wurden Fragebögen, Beschleunigungssensoren und ein 2-km-Geh-Test angewendet. Am Beginn der Studie wurde in eine Interventions- und Kontrollgruppe getrennt.

Die Ergebnisse zeigten einen signifikanten Effekt der Intervention. Laut den Autoren waren die Yoga-Affinen Teilnehmer eher bereit die anderen Angebote wahrzunehmen und zeigten eine hohe „compliance". So machten die aktiven Yoga-Teilnehmer bei der Nachbefragung über die Woche durchschnittlich 49 Minuten Sport. Nach der Intervention erwägten die Arbeitgeber eine weitergehende Etablierung eines Yoga- und Sportraumes in dem Betrieb (Strijk, Prope, Van der Beek, & Van Mechelen, 2012, S. 1077).

Effect of an office worksite-based yoga program on heart rate variability: outcomes of a randomized controlled trial

Diese Studie beschäftigte sich mit der Frage, ob Hatha-Yoga am Arbeitsplatz physiologischen Stress reduzieren kann (Cheema, et al., 2013). Gemessen wurde dies über die Herzratenvariablitität und andere Messkriterien wie der Test für Muskel-Skelett -Fitness. Die Studie umfasste 37 Teilnehmer, die im universitären Rahmen (University of Western Sydney) beschäftigt waren. Es wurde in Experimental- und Kontrollgruppe randomisiert. Die Experimentalgruppe bekam über 10 Wochen jeweils eine 50-minütige Einheit Hatha-Yoga in der Mittagspause angeboten. Es ergaben sich schließlich keine signifikanten Unterschiede zwischen Experimental- und Kontrollgruppe. Allerdings konnte bei der Einzelfallanalyse

festgestellt werden, dass Personen, mit einer hohen Rate an Adhärenz Verbesserungen in der Flexibilität, der selbstbeschriebenen inneren Unruhe und der Muskel-Skelett-Fitness zeigten. So schlagen die Autoren für zukünftige Interventionen auch einen Ausbau der Dauer und Häufigkeit des-Yoga-Trainings vor (Cheema, et al., 2013).

Mental Health Status among Married Working Women Residing in Bhubaneswar City, India: A Psychosocial Survey

Diese indische Untersuchung beschäftigt sich mit dem Status der mentalen Gesundheit von verheirateten, arbeitenden Frauen (Panigrahik, Padhy, & Panigrahi, 2014). Es gab eine Teilnehmeranzahl von 240 Personen, wobei knapp ein Drittel (32,9 Prozent) bei der Voruntersuchung Probleme mit der geistigen Gesundheit aufwiesen. Mithilfe des Verfahrens der logistischen Regression konnten die Faktoren herausgestellt werden, welche am ehesten dazu beitragen, dass die Frauen eine stabile psychische Verfasstheit mit sich bringen. Das waren (1) eine günstige Einstellung von Kollegen, (2) das Teilen der Probleme mit dem Partner und (3) Yoga/Meditation. Die Forscher schlagen weiter die Implementierung eines präventiven Programmes für die Frauen am Arbeitsplatz vor, das sich als nützliche Strategie bei der Reduzierung des genannten Problems herausstellen könnte.

Yoga for reducing perceived stress and back pain at work

Diese Studie untersucht die Wirkung von Yoga am Arbeitsplatz, um wahrgenommenen Stress und Rückenschmerz zu reduzieren (Hartfiel, Burton, Rycroft-Malone, Clarke G., Khalsa, & Edwards, 2012). Die Teilnehmer wurden von einer britischen Regierungsbehörde rekrutiert. Das Durchschnittliche Alter der Personen lag bei 44 Jahren. Nach der Randomisierung wurden die insgesamt 74 Teilnehmer in die Interventions- und Kontrollgruppe geteilt (je 37 Personen). Die Personen der Experimentalgruppe bekamen über acht Wochen eine 50 minütige Dru-Yoga-Einheit und eine DVD mit einer 20 minütigen Abfolge für zuhause. Dies umfasste Aktivierungsübungen, Übungen zur Überwindung von Energieblockaden und Relaxionsübungen.

Die Yoga-Gruppe berichtete signifikante Verbesserungen im wahrgenommenen Stress und Rückenschmerz. Darüber hinaus konnte sich die Experimentalgruppe in allen Messparametern des Fragebogens (Traurigkeit, Wut, Selbstsicherheit, Aufmerksamkeit und andere) verbessern. Die Forscher hoffen, dass diese Ergebnisse genutzt werden können, um weitergehende Programme am Arbeitsplatz zu installieren, um so die Produktivität am Arbeitsplatz und die Arbeitsunfähigkeitsrate zu senken. Dies ist aus Sicht der Autoren einerseits gut, hinsichtlich der finanziellen Einsparungen. Andererseits gut wegen der Verbesserungen der Gesundheit der Mitarbeiter.

Die Forscher gehen anhand vorrangegangener Studien davon aus, dass chronische Gesundheitsprobleme mit Yoga effektiv zu einer Verbesserung geführt werden können. Das gilt für kardiovaskuläre Probleme, Diabetes, Krebs, Ängste, Migränen und chronischem Rückenschmerz (Hartfiel, Burton, Rycroft-Malone, Clarke G., Khalsa, & Edwards, 2012, S. 607).

The effectiveness of yoga for the improvement of well-being and resilience to stress in the workplace

Diese Studie bezieht sich auf die Untersuchung von 48 Angestellten einer britischen Universität (Hartfiel, Havenhand, Khalsa, Clarke, & Krayer, 2011). Die Personen wurden randomisiert und in zwei Gruppen geteilt, eine Experimental- und eine Kontrollgruppe. Die Experimentalgruppe bekam unter Anleitung eine einstündige Dru-Yoga-Einheit über sechs Wochen von Januar bis März 2008. Mit verschiedenen Messinstrumenten, dem Profile of Mood States – Bipolar (POMS-Bi) und dem Iventory of Positive Psychological Attitudes (IPPA) wurden die selbstgemachten Angaben über die persönliche Stimmung und das Wohlbefinden der Personen vorher und nachher verglichen.

Es kam zutage, dass bei der Erstanalyse Stress, Kopfschmerzen, Gewichtsprobleme, Energielosigkeit Rückenprobleme präsent waren. Die Experimentalgruppe zeigte signifikant erhöhte Werte in sieben von acht Angaben für Stimmung und Wohlbefinden. So gaben die Yoga-Teilnehmer unter anderem ein klareres Denken an, mehr Energie und Selbstbewusstsein. Zudem berichtete die Experimentalgruppe von einem gesteigerten Lebenssinn und Zufriedenheit und einer besseren Selbstbeherrschung bei stressbelasteten Situationen. Die Autoren der Studie geben an, dass selbst ein kurzes Yoga-Programm geeignet ist, emotionales Wohlbefinden und Resillienz Stress am Arbeitsplatz zu steigern. Sie empfehlen, dass Arbeitgeber das Anbieten von Yogakursen für Ihre Angestellten in Betracht ziehen sollten (Hartfiel, Havenhand, Khalsa, Clarke, & Krayer, 2011).

4.2 Fazit zur Wirksamkeit von Yoga in Unternehmen

Aufgrund unterschiedlicher Zielgruppen, Yoga-Arten und Zeiträume und Intensitäten lassen sich keine generellen Aussagen über die positive Wirkweise von Yoga am Arbeitsplatz bestimmen. Trotzdem lässt sich zeigen, dass bei bestimmten Zielgruppen (Universität und Krankenhaus) eine Verbesserung auf physiologischer und psychologische Parameter erzielt werden konnten. Dies gibt Anlass zur Annahme, dass bei Beachtung bestimmter Kriterien durchaus positive Effekte auf die Teilnehme erzielt werden können und so ein Beitrag zur Betrieblichen Gesundheitsförderung geleistet wird.

5. Eine Auswahl von Beispielen für Yoga-Angebote im BGM

5.1 Verbundrecherce

Recherche über den Kooperationsverbund Gesundheitliche Chancengleichheit

Um die Qualität von Yogaangeboten auf dem Markt von Betrieblicher Gesundheitsförderung zu können sollen zunächst die Kriterien von „Good Practice Projekten" gezeigt werden. Dies hat den Vorteil, dass Angebote an diesen Standards gemessen und verglichen werden können. Zunächst ist eine Begriffsdefinition notwendig. Der in der Wirtschaft übliche Begriff der Best-Practice orientiert sich an Höchstleistungen im Benchmarketing, um unter Nutzung sämtlicher zur Verfügung stehender Ressourcen Spitzenleistungen herbeizuführen (Bundeszentrale für Gesundheitliche Aufklärung, 2010, S. 9 f.) . Good Practice Projekte sind eher als ein Prozess beschrieben, der von der „Kriterienentwicklung über die Auswahl von Beispielen und den Transfer in andere Angebote und Handlungsfelder bis hin zur Qualitätsoptimierung von Angeboten reicht" (Bundeszentrale für Gesundheitliche Aufklärung, 2010, S. 10). Kernpunkte sind laut BzGA: Praxiorientierung, Nutzen von Transferpotentialen, Qualitätsorientierung, Praxisbezug der Forschung, und die Nachvollziehbarkeit der Bewertung. Diese Punkte sind somit maßgeblich, wenn es um eine Suche nach Good-Practice-Beispielen beim Yoga im betrieblichen Kontext geht. Bei der Eingabe des Begriffs „Yoga" in die Suchmaschine des Kooperationsverbundes Gesundheitliche Chancengleichheit (Bundeszentrale für Gesundheitliche Aufklärung, 2014) werden 29 Suchergebnisse angezeigt (Stand 11.09.2014). Es ließ sich erkennen, dass die Angebote für Kinder und Senioren überwiegen, allerdings keine Ergebnisse für Personen im Arbeitsleben zu finden waren. Ein weiter Weg der Suche ergab sich über das Bundesministerium für Gesundheit bei der Zusammenstellung von Best-Practice Beispielen (Bundesministerium für Gesundheit, 2014).

Recherche innerhalb der Best-Practice Beispiele des Bundesministeriums für Gesundheit

So ist beim Projekt „Einführung eines Gesundheitsförderungsprogramms bei der Stadtverwaltung Wertheim" Yoga ein Bestandteil eines umfasseneren Programms, mit dem geworben wird. Die AOK hat hier ein Programm erstellt, auf dessen Basis fortlaufend seit Oktober 2008 knapp 400 Beschäftigte der Stadtverwaltung Werthheim betreut werden. Über den zeitlichen Umfang, die Ergebnisse von fortlaufenden Mitarbeiterbefragungen und die Entwicklung von Krankenzahlen ist keine Angabe gemacht worden (Bundesministerium für Gesundheit, 2014). Im Weiteren lässt sich zeigen, dass beim Projekt „Umgang mit Stress und Belastungssituationen - Wüstenrot & Württembergische AG und Salus BKK" mit dem ebenfalls auf der Seite des Bundesministeriums für Gesundheit geworben wird, etwas konkretere Angaben zum Thema Yoga vermissen lassen. So sind hier im Januar und Februar 2011 diese Maßnahmen umgesetzt worden. Neben diversen Workshops und Vorträgen gab

es auch das Angebot von 10-wöchigen Yoga-Kursen. Angaben über den Erfolg anhand messbarer Kriterien oder der Finanzierung des Projekts stehen aus.

5.2 Private Anbieter

Nachdem sich die Suche von Angeboten im Yoga unter dem Aspekt Good/Best- Practice schwierig gestaltet, geht es nun bei Beispielen für private Anbieter im Bereich Yoga als Dienstleistung der Betrieblichen Gesundheitsförderung um das Vergleichen zahlreicher Angebote im Internet. Die hier dargestellten Angebote haben keinen Anspruch auf eine Vollständigkeit des Spektrums der Angebote und sollen lediglich exemplarisch einen Eindruck über die Versprechen der Wirkweisen und die Art der Anwendung liefern. Die Angebote werden mit dem Fokus der selbstgewählten Kriterien **„Gesundheitsziele";** **„Dauer des Angebotes"; „Durchführung"; „Referenzen"** und **„Kosten"** verglichen.

Dr. Fit GmbH (www.doktorfit.de)

Die Dr. Fit GmbH ist entlang der Selbstbeschreibung ein „zertifizierter Leistungserbringer im Bereich der Betrieblichen Gesundheitsförderung sowie Unternehmenscoach für die Personal- und Organisationsentwicklung." (Dr. Fit GmbH, 2013). In ihren Best-Practice-Beispielen gibt das Unternehmen eine Übersicht über ihre Angebote. Laut Eigenbeschreibung gibt es im Feld von Business Yoga eine „Große Resonanz und Nachfrage". Hinsichtlich der **Gesundheitsziele** liege der Schwerpunkt darauf, psychische Anspannungen (Stress, Depressionen, u. ä.) und körperliche Anspannungen (erhöhter Muskeltonus) langfristig zu senken oder auszugleichen (Dr. Fit GmbH, 2013). Es wird damit geworben, dass bei Übungen im Stehen der Muskeltonus gesenkt werden kann, die strapazierte Muskulatur besser durchblutet und entspannt wird und dadurch die Konzentrationsfähigkeit und das innere Gleichgewicht wieder hergestellt wird (ebenda). Es lassen sich keine weiteren Angaben zur **Dauer des Angebotes, der Art der Durchführung, den Kosten** sowie den **Referenzen** teilnehmender Firmen finden.

Buisness Yoga Rhein-Nekar (www.business-yoga-online.de)

Der Umgang mit Stress steht im Mittelpunkt der Beschreibung der Arbeit des Unternehmens (Business-YOGA Rhein Neckar im Sportpark Mannheim, 2010). Zum einen soll die „Stresswahrnehmung" gesteuert zum anderen die „Stressreaktionen" verbessert werden, womit **Gesundheitsziele** bereits thematisiert werden. Hinsichtlich der Effekte von Yoga wird das Unternehmen allerdings noch konkreter:

- Verbesserung der körperlichen und geistigen Gesundheit, damit Reduzierung von Fehlzeiten durch Krankheit
- Höhere Belastbarkeit und Leistungsfähigkeit
- Entfaltung der Kreativität und Intuition
- Besseres Wohlbefinden, innere Ruhe
- Gesteigerte Lebensfreude und Zufriedenheit mit der persönlichen Situation

- Stärkung des Teamgeistes durch gemeinsame Yogastunden

Hinsichtlich der **Art der Durchführung** stellt die Firma die folgenden Punkte in den Mittelpunkt:

- Spannungsabbau
- Energieaufbau
- Atem – Kraft
- Körper – Bewusstsein
- Mentale Zielführung

Dieses Angebotszentrum aus Mannheim bietet die Möglichkeit in den hauseigenen Kursräumen oder direkt im Unternehmen Kurse bereitzuhalten. Geleitet werden die Kurse anhand der Selbstbeschreibung von sechs „umfassend ausgebildeten Yoga-Lehrern", die in der Mehrzahl selbst unternehmerisch tätig seien. Hinsichtlich der **Dauer des Angebotes** lassen sich keine einheitlichen Angaben finden. Einerseits gibt es die Angabe, dass eine komplette Lektion 60 bis 90 Minuten dauert und gleichzeitig Halbtagesworkshops- und Ganztagesseminare angeboten werden. Zur längerfristigen Betreuung von Kunden in Betrieben oder im Seminarhaus werden keine Angaben gemacht. Zudem werden keine konkreten Zahlen hinsichtlich Kosten oder üblichen Einheiten erwähnt. Es lassen sich keine Angaben zu den **Kosten** der Angebote finden. Allerdings gibt es eine Vielzahl von **Referenzen**. Zu den bisherigen Teilnehmern zählen DB-Schenker, BARMER GEK Mannheim, die Kassenärztliche Vereinigung Baden-Württemberg und andere.

Mensch und Raum (www.businessyogainstitut.de)

Bei Internetauftritt des Unternehmens „Mensch und Raum" (ehemaliges IBY Institut für Business Yoga) lässt sich ein Angebot für Yoga in Unternehmen finden (Mensch und Raum, 2014). Zur **Dauer des Angebotes** findet man auf der Seite, dass die Kurse jeweils auf 10 Wochen mit je einer 60-Minütigen Einheit pro Woche ausgerichtet ist. Bei der **Durchführung** sei darauf zu achten, dass die Teilnehmer ihre eigenen Matten mitbringen. Unterrichtet werde meist im Konferenzraum der Firma, die die Leistung in Anspruch nimmt. Zudem biete das Unternehmen für Manager eigene Kurse an. Die Gesundheitsziele werden von der Firma direkt adressiert. Hinsichtlich der **Gesundheitsziele** stellt das Unternehmen heraus, dass eine gemeinsame Yogastunde Ausfallzeiten durch stressbedingte Krankheiten wie Herz-, Kreislauf- und Rückenbeschwerden senken würde. Zudem soll die Bewegung durch Yoga die Leistungs- und Konzentrationsfähigkeit der Teilnehmer erhöhen. Durch das gemeinsame praktizieren würde der Teamgeist gestärkt und das Betriebsklima verbessert, zumal sich für viele Leute eine Zeitersparnis ergeben würde. Auch der Stichpunkt der **Kosten** wird durch Mensch und Raum angesprochen, ohne dass sie konkret werden. Es heißt lediglich, dass die erste Stunde frei sei und eine Kostenbeteiligung hinsichtlich der Mitarbeiter bewährt hätte. Die Zusammenstellung der **Referenzen** ist umfangreich. Unter anderem werden Allianz Versicherungs AG; Deutsche Bahn AG; Deutsche Post AG; Deutsche Telekom AG; IBM Deutschland GmbH; SAP AG; Siemens GmbH; Verdi und Motorola GmbH genannt.

5.3 Fazit zu Yoga-Angeboten

Über die Verbundrecherce waren für den betrieblichen Kontext nur wenige Beispiele von Angeboten auszumachen, die sich an Kriterien (Good Practice/ Best Practice) orientieren. Darüber hinaus ergab die Internetrecherche eine Vielzahl von Angeboten mit unterschiedlichem Umfang hinsichtlich Gesundheitszielen, der Dauer des Angebotes, der Art der Durchführung, den Kosten sowie den Referenzen. Dies gibt die Chance einen die Wirksamkeit unter dem Aspekt der Eigenbeschreibung und den Vergleich dieser weiter zu analysieren. Für eine weitergehende Analyse bieten sich Firmenzahlen wie Mitarbeiterbefragungen oder die Statistik der Arbeitsunfähigkeitstage eine gute Grundlage für das Vergleichen dieser Dienstleistungen.

6. Diskussion

Mit dieser Hausarbeit soll eine Übersicht über die Grundbegriffe, wissenschaftlich bestätigte Wirksamkeit und beispielhafte Anwendungsgebiete von Yoga als Mittel der Betrieblichen Gesundheitsförderung aufgezeigt werden. Beim Beleuchten der Grundbegriffe und Geschichte des Yoga fiel auf, dass übliche populärwissenschaftliche Ratgeber die Ursprünge der Tradition lediglich erwähnen. Darüber hinaus viel auf, dass Yoga eine lange Entwicklungsgeschichte hat. Die Bedeutung der Durchführung der Übungen führt tendenziell weg von transzendeller Erleuchtung hin zur Förderung körperlicher Fitness für Personen für den westlichen Kulturkreis. Erstaunlicherweise konnten sich einige der in den alten Schriften versprochenen positiven gesundheitlichen Wirkungen auf den Körper durch wissenschaftliche Studien bestätigen lassen (Broad, 2012, S. 76 ff.).

Die Auswertung der aufrufbaren Studien zum Thema Yoga im betrieblichen Kontext zeigte in vielen Fällen eine positive Wirkung auf die Anwender. Die unterschiedlichen Yoga-Arten, Settings, Teilnehmeranzahlen und die sich unterscheidende Anwendungsdauer macht es schwer verallgemeinernde Schlüsse aus den Ergebnissen zu ziehen. Letztlich wird anhand der Einzelstudien aufgezeigt, dass Yoga eine positive Wirkung auf das gemessene Befinden, die wahrgenommene Stressbelastung und Rückenschmerzen zeigen lassen (Hartfiel, Burton, Rycroft-Malone, Clarke G., Khalsa, & Edwards, 2012).

Es bleibt zu fragen, ob bestimmte Arten von Yoga besser geeignet sind, positive Effekte auf die genannten Parameter zu erzielen. So unterschieden sich die Effekte von Hatha-Yoga und Dru-Yoga in den ausgewählten Studien. (Cheema, et al., 2013 und Hartfiel, Havenhand, Khalsa, Clarke, & Krayer, 2011). Es scheint sich anzudeuten, dass Yoga in Sachen Verhaltensprävention Vorteile hat, obwohl unklar bleibt, ob es automatisch primärpräventiv wirkt.

Bei der Recherche zu der Anwendung von Yoga im betrieblichen Kontext stellte sich heraus, dass sich dort für Yoga nach Good-Practice-Kriterien kaum Beispiele finden lassen. Lediglich auf der Seite des Bundesministeriums für Gesundheit konnten zwei Firmen ausgemacht werden, die sich u.a. durch die Anwendung von Yoga im Betrieb herausgestellt haben. Es bleibt fraglich, wo die Kriterien für Good-Practice mit den Kriterien der Best-Practice übereinstimmen. Dies bleibt mangels Beschreibung seitens des Bundesministeriums unklar. Dafür konnten über drei Bespiele von privaten Anbietern Angaben über die Eigenbeschreibung von Yoga in Betrieben verglichen werden. Es stellte sich heraus, dass anhand der gestellten Kriterien „Gesundheitsziele"; „Dauer des Angebotes"; „Durchführung"; „Referenzen" und „Kosten" die Anbieter durchaus unterschiedliche Angaben machten. Besonders die Referenzen von „Buisness Yoga Rhein-Nekar" und „Mensch und Raum" zeigen, dass Yoga in namhaften Firmen einen Platz gefunden hat. So lässt sich neben der Frage der Wirksamkeit eine grundsätzliche Akzeptanz und positive Haltung seitens der Leitung der Unternehmensleitungen vermuten. Es bleibt allerdings offen, ob sich die Vorteile von Yoga in Betrieben gegenüber von Yoga in privater Ausführung messen lassen. Unter Beachtung gruppendynamischer Effekte sind weitere Untersuchungen notwendig, um die Frage nach der Wirksamkeit von Yoga in Gruppen im Vergleich zur individuellen Praxis in Betrieben zu erforschen.

Final lässt sich zeigen, dass Yoga in moderner Anwendung in Betrieben fernöstliche Prinzipien aufgreift und in auch in der westlichen (Arbeits-) Welt eine gewisse Akzeptanz sichtbar ist. Interessant ist dieser Vergleich unter dem Aspekt der Mindfulness-Based-Stress-Reduction (MBSR) nach Kabat-Zinn (Kabat-Zinn, 2013). Hier werden den Teilnehmern über einen achtwöchigen Kurs die Grundlagen der Achtsamkeit, die täglich mit diversen Übungen trainiert wird. Der fernöstliche Einschlag lässt sich an der Orientierung an der buddhistischen Tradition erkennen (Kabat-Zinn, 2013, S.31). Schließlich spielt auch Yoga eine wichtige Rolle (Kabat-Zinn, 2013, S. 128ff.) Es lässt sich zeigen, dass die Kurse die psychische Gesundheit fördern (Universty of York, 2014). Es scheint sich anhand der Ergebnisse und Erfahrungen zu zeigen, dass die Verknüpfung dieser spirituellen Traditionen positive Aspekte auf die Gesundheit der Anwender vermuten lässt. Aufgrund der Orientierung an ursprünglichen fernöstlichen Prinzipien sind beim Vergleich von Yoga in Betrieben mit MBSR Übereinstimmungen zu vermuten. Trotzdem bleibt die Frage, ob für manche Anwendungsgebiete (Rückenleiden, Depression) Yoga und MBSR jeweils eigene Stärken in Betrieben vorweisen.

Nach der Untersuchung von Yoga unter dem Gesichtspunkt von Verhaltensprävention und Gesundheitsförderung der Mitarbeiter gilt es zu fragen, welche fernöstlichen Verfahren sich zur Gestaltung der Verhältnisprävention und Gesundheitsförderung auf systemischer Ebene in Betrieben eignen. Hier ist Feng Shui interessant, eine daoistische Harmonielehre aus China. So wird Feng Shui im betrieblichen Kontext definiert als die Auswahl und das richtige Arrangement von gesunden, harmonischen und energiereichen Arbeitsräumen, Möbeln und Symbolen, die die ideale Harmonie in der näheren und weiterer Umgebung aufrechterhalten, um Erfolg und Spitzenleistungen zu fördern (Lim, 2011, S. 15). Zu den Ursprüngen beschreibt der Autor Lim: „Innerhalb der letzten 5000 Jahre hat sich Feng Shui zu einer tiefgreifenden Erfahrungswissenschaft des Wohnens und Arbeitens entwickelt." (Lim, 2011, S. 15). Es werden zahlreiche Themengebiete als Anwendungsmöglichkeit beschrieben (Auswahl):

- Bürogestaltung für effektiveres Arbeiten und zur Leistungssteigerung der Mitarbeiter.
- Belebende Gestaltung und Einrichtung von Häusern für ein gesünderes Leben und Arbeiten
- Baubiologie (Überprüfung der Schadstoffbelastung)
- Optimierung der Arbeitsabläufe zur Kosteneinsparung
- Gesundheitsvorsorge für Führungskräfte

Diese Beschreibungen machen die integrale Anwendung ursprünglicher fernöstlicher Prinzipien interessant. So kann es gelingen mithilfe eines verhaltensbasierten Ansatzes (Yoga) und eines verhältnisbasierten Ansatzes (Feng Shui) einen Betrieb holistisch auf Basis der Organisationsentwicklung zu begleiten. Für künftige Anwendungsfelder besteht das Potential diese Prinzipien neben den etablierten Instrumenten wie Gesundheitszirkeln zu integrieren und das Spektrum der Betrieblichen Gesundheitsförderung sinnvoll zu erweitern.

7. Literaturverzeichnis

Anders-Hoepgen, B. M. (2005). *Die Hatha Yoga-Schule. Übungen für Anfänger und Fortgeschrittene.* Darmstadt: Schirner.

Bamberg, E., Ducki, A., & Metz, A.-M. (1997). *Handbuch betriebliche Gesundheitsföderung.* Göttingen: Verlag für Angewandte Psychologie.

Berufsverband der Yogalehrenden in Deutschland e. V. . (16. Januar 2014). *www.yoga.de.* Abgerufen am 12. September 2014 von http://www.yoga.de/fileadmin/Dokumente/PM_Potential_von_Y_f%C3%BCr_%C3%B6ff_Gesundheit_nutzen.pdf

Brenner, D., Grüninger, U., Meili, B., & Stutz Steiger, T. (kein Datum). *http://www.quint-essenz.ch.* Abgerufen am 8. September 2014 von Quint-Essenz. Gesundheitsförderung in der Schweiz: http://www.quint-essenz.ch/de/files/Foerderung_der_Qualitaet.pdf

Bretz, V. (2014). *wiki.yoga-vidya.de.* Abgerufen am 9. September 2014 von Yoga Arten: http://wiki.yoga-vidya.de/Yoga_Arten

Broad, J. W. (2012). *The Science of Yoga. Was es verspricht- und was es kann.* Freiburg im Breisgau: Herder.

Bundesministerium für Gesundheit. (2014). *Einführung eines Gesundheitsförderungsprogramms bei der Stadtverwaltung Wertheim.* Abgerufen am 11. September 2014 von Bundesministerium für Gesundheit: http://www.bmg.bund.de/praevention/betriebliche-gesundheitsfoerderung/best-practice-baden-wuerttemberg/projekte-gesundheitsmanagement/einfuehrung-gesundheitsfoerderungsprogramm-stadt-wertheim.html

Bundeszentrale für Gesundheitliche Aufklärung. (2014). *"Good Practice" in der Gesundheitsförderung bei sozial Benachteiligten.* Abgerufen am 11. September 2014 von Kooperationsverbund Gesundheitliche Chancengleichheit: http://www.gesundheitliche-chancengleichheit.de/good-practice/

Bundeszentrale für Gesundheitliche Aufklärung. (2010). *Kriterien guter Praxis in der Gesundheitsförderung bei sozial Benachteiligten.* Köln: BzgA.

Business-YOGA Rhein Neckar im Sportpark Mannheim. (2010). *Business-YOGA Rhein Neckar.* Abgerufen am 14. September 2014 von www.business-yoga-online.de

Cheema, B. S., Houridis, A., Busch, L., Raschke-Cheema, V., Melville, G. W., Marshall, P. W., et al. (2013). Effect of an office worksite-based yoga program on heart rate variability: outcomes of a randomized controlled trial. *BMC Complementary and Alternative Medicine: 82* , S. 1–10.

Dr. Fit GmbH. (2013). *Dr. Fit; Das Konzept für Fitness.* Abgerufen am 11. September 2014 von Best Practice Beispiele: http://www.doktorfit.de/best-practice-beispiele/

Hartfiel, N., Burton, C., Rycroft-Malone, J., Clarke G., H. J., Khalsa, S. B., & Edwards, R. T. (2012). Yoga for reducing perceived stress and back pain at work. *Occupational Medicine: 62* , S. 606–612.

Hartfiel, N., Havenhand, J., Khalsa, S., Clarke, G., & Krayer, A. (11. September 2011). The effectiveness of yoga for the improvement of well-being and resilience to stress in the workplace. *Scandinavian Journal of Work, Environment & Health* , S. 70-76.

Information National Center for Biotechnology. (2014). *www.ncbi.nlm.nih.gov*. Abgerufen am 9. September 2014 von http://www.ncbi.nlm.nih.gov/pubmed/?term=yoga

Kabat-Zinn, J. (2013). *Gesund durch Meditation. Das große Buch der Selbstheilung mit MBSR*. München: Knaur.

Kramer, I., & Bödeker, W. (2008). *Return on Investment im Kontext der betrieblichen Gesundheitsförderung und Prävention* . Internetausgabe: BKK Bundesverband; BGAG; AOK-Bundesverband; Arbeiter-Ersatzkassen-Verband.

Lim, T. J. (2011). *Feng Shui für Büro und Buisness.* Darmstadt: Schirner Verlag.

Mensch und Raum. (2014). *Mensch und Raum*. Abgerufen am 14. September 2014 von http://businessyogainstitut.de/yoga-angebote/

Panigrahik, A., Padhy, A. P., & Panigrahi, M. (31. März 2014). Mental Health Status among Married Working Women Residing in Bhubaneswar City, India: A Psychosocial Survey. *BioMed Research International* , S. 1-7.

Strijk, J. E., Prope, K. I., Van der Beek, A. J., & Van Mechelen, W. (2012). A worksite vitality intervention to improve older workers' lifestyle and vitality-related outcomes: results of a randomised controlled trial. *The Journal of Epidemiology and Community Health: 66* , S. 1071–1078.

Trökes, A. (2010). *Yoga für Rücken, Schultern und Nacken.* München: Gräve und Unzer Verlag.

Universty of York. (2014). *Mindfulness-based stress reduction and mindfulness-based cognitive therapy: a systematic.* York: Centre for Reviews and Dissemination.

WHO, W. (1986). *Ottawa-Charta zur Gesundheitsförderung.*

BEI GRIN MACHT SICH IHR WISSEN BEZAHLT

- Wir veröffentlichen Ihre Hausarbeit,
  Bachelor- und Masterarbeit

- Ihr eigenes eBook und Buch -
  weltweit in allen wichtigen Shops

- Verdienen Sie an jedem Verkauf

Jetzt bei www.GRIN.com hochladen und kostenlos publizieren